Rédactrice
Lorin Klistoff, M.A.

Directrice de la rédaction
Karen Goldfluss, M.S. Éd.

Rédactrice en chef
Sharon Coan, M.S. Éd.

Illustration de la couverture
Barb Lorseyedi

Coordination artistique
Kevin Barnes

Direction artistique
CJae Froshay

Imagerie
James Edward Grace
Rosa C. See

Chef de produit
Phil Garcia

Éditrice
Mary D. Smith, M.S. Éd.

Auteurs
Le personnel de Teacher Created Resources
Texte français de Martine Faubert

ISBN 978-0-545-99110-0
Copyright © Teacher Created Resources, Inc., 2002.
Copyright © Éditions Scholastic, 2008, pour le texte français.
Tous droits réservés.

Titre original: Practice Makes Perfect – Word Problems Grade 1

Édition publiée par les Éditions Scholastic, 604, rue King Ouest, Toronto (Ontario) M5V 1E1,
avec la permission de Teacher Created Resources, Inc.

5 4 3 2 1   Imprimé aux États-Unis   08 09 10 11 12

Table des matières

Introduction

« C'est en forgeant qu'on devient forgeron. » On ne peut dire mieux, quand il s'agit des apprentissages que votre enfant doit faire à l'âge scolaire. Plus il fera d'exercices servant de compléments aux notions acquises à l'école, mieux il assimilera ces dernières. Il est donc important pour vous de savoir comment l'aider et d'avoir à votre disposition le matériel nécessaire. Il faut également que vous connaissiez les aspects sur lesquels insister si vous voulez que l'aide apportée à votre enfant lui soit bénéfique.

Ce cahier d'exercices a été conçu pour les parents désireux d'accompagner les enfants dans leurs apprentissages de base. Il permet de passer en revue les notions de mathématiques de base apprises en 1re année du primaire et il traite plus précisément des problèmes de mathématiques mis en mots. Comme il serait impossible de traiter dans un seul cahier de tous les concepts appris en 1re année, l'accent a été mis sur les notions ci-dessous, dont les exercices proposés favoriseront l'assimilation. Ce sont des notions de base généralement communes à tous les programmes d'enseignement de ce niveau. (Veuillez vous reporter à la table des matières pour connaître l'objectif visé par chacun des exercices.)

- Additions et soustractions simples avec pictogrammes
- Numération
- Additions et soustractions jusqu'à 6
- Additions et soustractions jusqu'à 10
- Additions et soustractions jusqu'à 12
- Additions et soustractions jusqu'à 14
- Additions avec des dizaines sans retenues
- Soustractions avec des dizaines sans retenues
- Formes géométriques
- L'heure
- L'argent
- Nombres mystères

Ce cahier comporte 36 exercices, à raison d'un exercice par page, allant des notions les plus simples aux plus complexes. Pour corriger les exercices, reportez-vous au corrigé des pages 47 et 48. Les exercices sont suivis de six exercices de révision comportant des problèmes à réponses multiples, afin de préparer l'enfant à ce type de formulation, très courant dans les examens ministériels. L'enfant devra reporter ses réponses sur la feuille-réponse de la page 46, en noircissant la lettre appropriée. Ensuite, à l'aide du corrigé des pages 47 et 48, vous pourrez corriger les exercices de révision, de même que les exercices progressifs qui les précèdent.

Quelques conseils

Voici quelques stratégies qui vous permettront de tirer le meilleur parti possible de ce cahier d'exercices.

- Choisissez un endroit précis de la maison où votre enfant devra s'installer pour faire les exercices. Veillez à ce que tout y soit bien rangé, avec le matériel nécessaire à portée de la main.

- Déterminez un moment précis de la journée où il devra faire ses exercices afin de l'aider à fournir un travail régulier. Si ce n'est pas possible, essayez de trouver dans vos journées ou vos semaines des moments calmes, plus propices à un travail de réflexion.

- Veillez à ce que chaque séance de travail se déroule de façon constructive et positive. Si vous sentez que l'atmosphère devient tendue et que vous ou votre enfant devenez irritables, suspendez la séance et reportez la suite à un moment plus propice. Il est préférable de ne pas forcer l'enfant à travailler. Le cahier ne doit pas non plus être utilisé dans le but de le punir.

- Au besoin, aidez votre enfant. S'il éprouve de la difficulté devant un exercice donné, montrez-lui comment il doit s'y prendre en faisant le premier problème avec lui.

- Corrigez les exercices au fur et à mesure que votre enfant les termine. Cela l'aidera à mieux assimiler les notions.

- Laissez votre enfant écrire avec le genre de crayon qu'il préfère. Les exercices lui sembleront peut-être plus agréables s'il utilise des crayons de couleur, par exemple.

- Essayez de détecter les notions sur lesquelles votre enfant bute. Donnez-lui alors le soutien nécessaire ainsi que des exercices supplémentaires sur ces notions. Encouragez-le à avoir recours à des supports visuels. Le dessin ou la manipulation d'objets, comme des pièces de monnaie, des réglettes, des jetons ou des cartes, peuvent l'aider à mieux comprendre les notions plus complexes.

- Profitez des situations quotidiennes pour mettre en pratique ce qu'il est en train d'apprendre.

Exercice 1 ↄ ❁ ↄ ❁ ↄ ❁ ↄ ❁ ↄ ❁ ↄ ❁ ↄ ❁ ↄ ❁ ↄ ❁

Trouve la solution.

1.

Combien y a-t-il de chats? _____

2.

Combien y a-t-il de poulets? _____

3.

Combien y a-t-il de citrouilles? _____

4.

Combien y a-t-il de vaches? _____

5.

Combien y a-t-il de canards? _____

Exercice 2

| 2 ¢ | 3 ¢ | 4 ¢ | 5 ¢ | 6 ¢ |

Complète la phrase mathématique.

1. Daniel a 8 ¢. Il achète un 🎩. Combien lui reste-t-il?

   ___ ¢ − ___ ¢ = ___ ¢

2. Paméla a 5 ¢. Elle achète un 🪣. Combien lui reste-t-il?

   ___ ¢ − ___ ¢ = ___ ¢

3. Janie a 6 ¢. Elle achète des 🕶. Combien lui reste-t-il?

   ___ ¢ − ___ ¢ = ___ ¢

4. Stella a 9 ¢. Elle achète un 🪣. Combien lui reste-t-il?

   ___ ¢ − ___ ¢ = ___ ¢

5. Samuel a 4 ¢. Il achète un ⚽. Combien lui reste-t-il?

   ___ ¢ − ___ ¢ = ___ ¢

6. Stanislas a 7 ¢. Il achète un 🐚. Combien lui reste-t-il?

   ___ ¢ − ___ ¢ = ___ ¢

7. Jacquot a 7 ¢. Il achète un 🎩. Combien lui reste-t-il?

   ___ ¢ − ___ ¢ = ___ ¢

8. Fanny a 6 ¢. Elle achète un 🐚. Combien lui reste-t-il?

   ___ ¢ − ___ ¢ = ___ ¢

Exercice 3

Réécris l'histoire en phrase mathématique, puis trouve la réponse.

1. Tom a 8 .

   Il en trouve 7 autres.

   Combien a-t-il de en tout?

   _____

2. Janie a 3 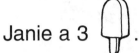 .

   Elle en trouve 10 autres.

   Combien a-t-elle de en tout?

   _____

3. 9

   15

   Combien y a-t-il de de plus que de bocaux?

   _____

4. 9

   8

   Combien y en a-t-il en tout?

   _____

5. 12

   7

   Combien y a-t-il de  de plus que de verres?

   _____

6. M. Tran a trouvé 16 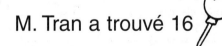 .

   Il a trouvé 7  .

   Combien y a-t-il de de plus que de bonbons?

   _____

Exercice 4

Trouve la solution.

1.

4

3 dans chaque .

Combien y a-t-il de nids en tout? □

2.

16

5 de plus.

Combien y a-t-il d'oiseaux en tout? □

3.

18

13 s'envolent.

Combien reste-t-il de hiboux? □

4.

19

13 seulement.

Combien d'oiseaux n'ont pas de ver de terre? □

5.

37

12 ont éclos.

Combien reste-t-il d' ? □

6.

28

3 de plus arrivent.

Combien y a-t-il de en tout? □

7.

11

6

Combien de manchots y a-t-il de plus que de poules? □

8.

Combien y a-t-il d'œufs fêlés?

 □

Exercice 5

Trouve la solution.

1. Il y a 3 🐔 dans une ferme. Chaque 🐔 pond 2 🥚. Combien y a-t-il d' 🥚 en tout?

   _____

2. Il y a 5 🌸 dans le champ. Tu cueilles 3 🌸. Combien en reste-t-il?

   _____

3. Un pommier a 6 🍎. Un autre pommier a 5 🍎. Tu en manges une. Combien reste-t-il de pommes?

   _____

4. Dans une ferme, il y a 3 🐑, 1 🐤, 1 🐱 et 2 🐄. Combien d'animaux y a-t-il en tout dans cette ferme?

   _____

5. Un fermier veut avoir 11 🌳 dans son verger. Il en a déjà 2. Combien d' 🌳 doit-il planter en plus? _____

6. Deux 🐄 sont dans la grange. Chaque vache donne 3 🪣 de lait. Combien de 🪣 y a-t-il en tout? _____

Exercice 6

Trouve la solution.

1. Chéryl a 5 billes. Cindy a 2 billes de plus que Chéryl. Combien Cindy a-t-elle de billes?

Cindy a _____ billes.

2. Henri a 4 timbres. Éric a 5 timbres de plus qu'Henri. Combien Éric a-t-il de timbres?

Éric a _____ timbres.

3. Gabi achète une gomme à bulles. Bobby achète 3 gommes à mâcher de plus que Gabi. Combien Bobby a-t-il acheté de gommes à mâcher?

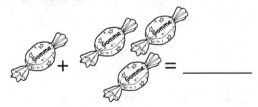

Bobby a acheté _____ gommes à mâcher.

4. Anna a 1 casse-tête. Diane a 5 casse-têtes de plus qu'Anna. Combien de casse-têtes Diane a-t-elle?

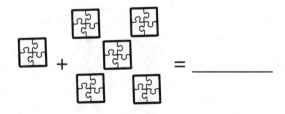

Diane a _____ casse-têtes.

Exercice 7

Trouve la solution.

1. Marcia trouve 4 graines dans une citrouille. Elle trouve 2 graines dans une autre citrouille. Combien Marcia a-t-elle trouvé de graines en tout?

   ⦚⦚⦚⦚ + ⦚⦚ = _____

   Marcia a trouvé _____ graines en tout.

2. Marc trouve 1 graine de citrouille dans sa poche. Il trouve 3 autres graines de citrouille dans sa chaussure. Combien Marc a-t-il trouvé de graines de citrouille en tout?

   ⦚ + ⦚⦚⦚ = _____

   Marc a trouvé _____ graines en tout.

3. Linda a 4 citrouilles. Elle en achète 1 de plus. Combien de citrouilles a-t-elle en tout?

   Encercle la bonne réponse.

   🎃🎃🎃🎃 + 🎃 = _____

   | 4 | 5 | 6 | 7 |

4. Jean trouve 4 citrouilles dans son grenier à foin. Il en trouve 2 autres dans sa charrette à foin. Combien a-t-il trouvé de citrouilles en tout?

   Encercle la bonne réponse.

   🎃🎃🎃🎃 + 🎃🎃 = _____

   | 5 | 6 | 7 | 8 |

Exercice 8

Trouve la solution.

1. Ma sœur achète 1 pomme. Puis elle en achète 2 autres. Combien a-t-elle acheté de pommes en tout?

Elle a acheté _____ pommes en tout.

2. Mon frère a 2 tartes aux pommes. Il achète 3 tartes aux pommes en plus. Combien a-t-il acheté de tartes aux pommes en tout?

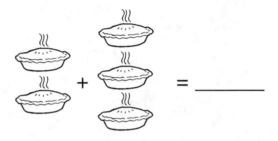

Il a acheté _____ tartes aux pommes en tout.

3. Janie a déjà 3 pommes. Elle en cueille 3 de plus dans le pommier. Combien de pommes Janie a-t-elle en tout?

Elle a _____ pommes en tout.

4. Carmen n'a pas de pomme. Son frère Paul lui donne 1 pomme. Combien de pommes Carmen a-t-elle maintenant?

0 + = _____

Carmen a _____ pomme(s) maintenant.

Exercice 9

Encercle le mot addition ou soustraction.

1. J'ai 4 petites pommes vertes. Josée me donne 1 pomme rouge. Combien de pommes ai-je en tout?

addition   soustraction

2. Gilles trouve 1 pomme jaune par terre. Il trouve 1 pomme verte sur la clôture. Combien Gilles a-t-il trouvé de pommes en tout?

addition   soustraction

3. Miranda achète 3 petites pommes et 1 grosse pomme. Combien Miranda a-t-elle acheté de pommes?

addition   soustraction

4. Bernard cueille 4 pommes. Il en donne 2. Combien de pommes reste-t-il à Bernard maintenant?

addition   soustraction

Exercice 10

Trouve la solution.

---

1. Il y a 5 grenouilles. Si 1 grenouille s'en va, combien en reste-t-il?

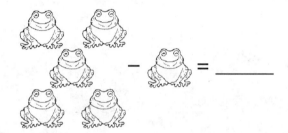

Il reste _____ grenouilles.

---

2. Il y a 6 grenouilles. Si 3 grenouilles s'en vont, combien en reste-t-il?

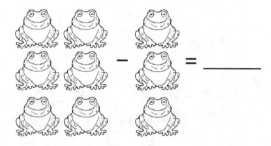

Il reste _____ grenouilles.

---

3. Jacquot va à la pêche. Il attrape 6 poissons le matin et 0 l'après-midi. Combien Jacquot a-t-il attrapé de poissons en tout?

+ 0 = _____

Jacquot a attrapé _____ poissons en tout.

---

4. Alice attrape 4 poissons. Elle en donne 3 à la famille Gagnon. Combien de poissons reste-t-il à Alice?

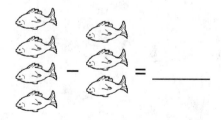

Il reste _____ poisson(s) à Alice.

Exercice 11 ⊘ ⚬ ⊘ ⚬ ⊘ ⚬ ⊘ ⚬ ⊘ ⚬ ⊘ ⚬ ⊘ ⚬ ⊘

Trouve la solution.

1. Billy et moi, nous étions dehors, le soir. Billy a vu 4 chauves-souris et j'ai vu 5 chauves-souris. Combien avons-nous vu de chauves-souris en tout?

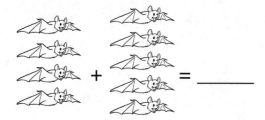

Nous avons vu _____ chauves-souris en tout.

2. Suzanne a vu 3 chauves-souris. Tania a vu 6 chauves-souris. Combien ont-elles vu de chauves-souris en tout?

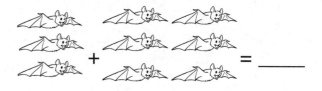

Elles ont vu _____ chauves-souris.

3. Tante Claire a vu 5 chauves-souris frugivores et 3 chauves-souris piscivores. Combien tante Claire a-t-elle vu de chauves-souris en tout?

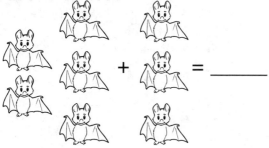

Tante Claire a vu _____ chauves-souris en tout.

4. Lundi, oncle Samuel a vu 5 chauves-souris brunes. Mardi, il a vu d'autres chauves-souris brunes. Il a vu 10 chauves-souris en tout. Combien a-t-il vu de chauves-souris mardi?

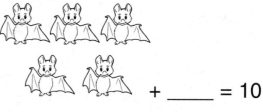

lundi   mardi

Mardi, oncle Samuel a vu _____ chauves-souris.

Exercice 12

Trouve la solution.

1. Solange installe 5 tentes. Robert installe 2 tentes. Combien ont-ils installé de tentes en tout?

+ = _____

Ils ont installé _____ tentes en tout.

2. Zacharie voit 3 étoiles dans le ciel. Rose voit 6 étoiles. Combien ont-ils vu d'étoiles en tout?

☆☆   ☆☆☆
☆ + ☆☆☆ = _____

Ils ont vu _____ étoiles en tout.

3. Diego installe 2 tentes dans un premier campement. Puis il installe 6 tentes dans un deuxième campement. Combien Diego a-t-il installé de tentes en tout?

+ = _____

Diego a installé _____ tentes en tout.

4. Émilie se promène un matin et trouve 1 caillou. Le soir du même jour, elle va se promener et trouve 8 cailloux. Combien Émilie a-t-elle trouvé de cailloux en tout?

+ = _____

Émilie a trouvé _____ cailloux en tout.

Exercice 13

Trouve la solution.

1. Mme Girard a 8 dindons dans sa ferme. Elle vend 6 de ses dindons. Combien de dindons reste-t-il à Mme Girard?

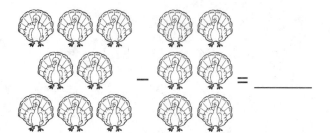

Il reste _____ dindons à Mme Girard.

2. Nicolas collectionne les plumes de dindon. Hier, il a ramassé 7 plumes de dindon. En revenant chez lui, il en a perdu 4. Combien de plumes lui reste-t-il?

Il reste _____ plumes de dindon à Nicolas.

3. Omar voit 7 dindons perchés sur la clôture. Si 3 de ces dindons s'envolent, combien reste-t-il de dindons?

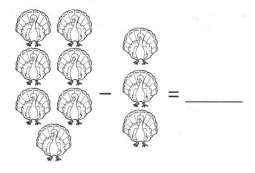

Il reste _____ dindons.

4. Viviane a donné 9 épis de maïs à son dindon apprivoisé. Le dindon en a mangé 2. Combien d'épis de maïs reste-t-il?

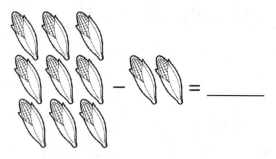

Il reste _____ épis de maïs.

Exercice 14

Trouve la solution.

1. Il y a 8 poussins. Si 2 de ces poussins se sauvent, combien en reste-t-il?

Il reste _____ poussins.

2. Il y a 10 hiboux. Si 9 de ces hiboux s'envolent, combien en reste-t-il?

Il reste _____ hibou(x).

3. Noël a 9 araignées dans son grenier à foin. Si 3 de ces araignées n'ont pas tissé de toile, combien d'araignées ont tissé leur toile?

_____ araignées ont tissé leur toile.

4. Timothée a 9 canards. Si 2 de ces canards se sauvent, combien de canards reste-t-il à Timothée?

Il reste _____ canards à Timothée.

Apprendre par l'exercice – Résolution de problèmes – 1ʳᵉ année

Exercice 15

Trouve la solution.

1. Amélie a fabriqué 1 épouvantail. Son amie lui en a donné 8 autres. Combien d'épouvantails Amélie a-t-elle en tout?

$$1 + 8 = \rule{2cm}{0.4pt}$$

Amélie a _____ épouvantails en tout.

2. Oncle Robert a fabriqué 10 cocottes en papier. Il en a donné 5. Combien de cocottes en papier reste-t-il à oncle Robert?

$$10 - 5 = \rule{2cm}{0.4pt}$$

Il reste _____ cocottes en papier à oncle Robert.

3. Maman a mis 8 tartes à la citrouille à refroidir devant la fenêtre. Le chien en a mangé 4. Combien de tartes reste-t-il?

$$8 - 4 = \rule{2cm}{0.4pt}$$

Il reste _____ tartes.

4. Suzie a fait 9 tartes à la citrouille pour sa famille. La famille de Suzie en a mangé 2. Combien de tartes à la citrouille reste-t-il à Suzie?

$$9 - 2 = \rule{2cm}{0.4pt}$$

Il reste _____ tartes à la citrouille à Suzie.

Exercice 16

Trouve la solution.

1. Jeudi, Alain a semé 9 rangs de maïs. Il n'en a pas semé du tout vendredi. Combien Alain a-t-il semé de rangs de maïs en tout?

$$9 + 0 = \underline{\hspace{3cm}}$$

Alain a semé _____ rangs de maïs en tout.

2. Georgette a 7 épis de maïs. Elle en mange 4. Combien d'épis de maïs lui reste-t-il?

$$7 - 4 = \underline{\hspace{3cm}}$$

Il lui reste _____ épis de maïs.

3. Enrique a fait 10 tortillas. Il en donne 1 à Germain. Combien de tortillas reste-t-il à Enrique?

$$10 - 1 = \underline{\hspace{3cm}}$$

Il reste _____ tortillas à Enrique.

4. Lulu a 8 galettes de maïs. Elle en mange 5. Combien de galettes de maïs lui reste-t-il?

$$8 - 5 = \underline{\hspace{3cm}}$$

Il lui reste _____ galettes de maïs.

Exercice 17

Trouve la solution. Montre comment tu t'y es pris.

1. David mange 3 beignes au déjeuner. Il en mange 4 autres à la collation. Combien David a-t-il mangé de beignes en tout?

David a mangé _____ beignes en tout.

2. Hector a 10 oranges. Il en mange 2. Combien en reste-t-il?

Il reste _____ oranges.

3. Danielle fait 4 sandwichs. Puis elle en fait 6 autres. Combien Danielle a-t-elle fait de sandwichs en tout?

Danielle a fait _____ sandwichs en tout.

4. Salomon a 10 œufs. Son chien en mange 4. Combien d'œufs reste-t-il à Salomon?

Il reste _____ œufs à Salomon.

Exercice 18 ꙮ

Trouve la solution. Montre comment tu t'y es pris.

1. Doris attrape 9 papillons. Didier attrape 3 papillons. Combien ont-ils attrapé de papillons en tout?

Ils ont attrapé _____ papillons en tout.

2. Justin fait 7 dessins au crayon et 4 dessins à la craie. Combien Justin a-t-il fait de dessins en tout?

Justin a fait _____ dessins en tout.

3. Geneviève avait 9 coquillages. Maintenant, il lui en reste seulement 2. Combien a-t-elle perdu de coquillages?

Geneviève a perdu _____ coquillages.

4. Rosemarie a fait 11 biscuits. Son frère en a mangé quelques-uns. Maintenant, il en reste seulement 2. Combien son frère a-t-il mangé de biscuits?

Il a mangé _____ biscuits.

Exercice 19 ⊚ ✺ ⊚ ✺ ⊚ ✺ ⊚ ✺ ⊚ ✺ ⊚ ✺ ⊚ ✺

Trouve la solution. Montre comment tu t'y es pris.

1. Sylvain a mangé 10 bonbons. Georges a mangé 3 bonbons. Combien ont-ils mangé de bonbons en tout?

Ils ont mangé _____ bonbons en tout.

2. Thomas a trouvé 8 roses rouges et 6 roses blanches dans le jardin. Combien Thomas a-t-il trouvé de roses en tout?

Thomas a trouvé _____ roses en tout.

3. Yvonne a apporté 6 bouteilles et 7 journaux au centre de recyclage. Combien Yvonne a-t-elle apporté d'objets à recycler en tout?

Yvonne a apporté _____ objets à recycler.

4. Laurent a 7 ans. Louis a 7 ans lui aussi. Si on additionnait leurs âges, quel âge auraient-ils?

Ils auraient _____ ans.

Exercice 20 ◦ ◦ ◦ ◦ ◦ ◦ ◦ ◦ ◦ ◦ ◦ ◦ ◦ ◦ ◦

Trouve la solution. Montre comment tu t'y es pris.

1. Guylaine a 10 cochons dans sa grange. Si 3 de ces cochons se sauvent, combien reste-t-il de cochons dans la grange?

Il reste _____ cochons dans la grange.

2. Adrien a 14 animaux dans sa ferme. Si 8 de ces animaux sont des poules, combien de ces animaux ne sont pas des poules?

_____ de ces animaux ne sont pas des poules.

3. Christian donne 9 balles de foin à ses vaches. Il donne 4 balles de foin à ses chevaux. Combien a-t-il donné de balles de foin de plus à ses vaches?

Il a donné _____ balles de foin de plus à ses vaches.

4. Léo a cueilli 12 bleuets. Il en donne 9 à son ami. Combien de bleuets reste-t-il à Léo?

Il reste _____ bleuets à Léo.

Exercice 21 ♋ ♋ ♋ ♋ ♋ ♋ ♋ ♋ ♋ ♋ ♋ ♋ ♋ ♋ ♋

Trouve la solution. Montre comment tu t'y es pris.

1. Simone a 12 bonbons. Elle en donne 6 à Raoul. Combien de bonbons reste-t-il à Simone?

Il reste _____ bonbons à Simone.

2. Béatrice a 6 chandelles. Elle en achète 5 autres. Combien de chandelles Béatrice a-t-elle en tout?

Béatrice a _____ chandelles en tout.

3. Manuel fait 11 gâteaux. Il en vend 6 à la foire. Combien de gâteaux reste-t-il à Manuel?

Il reste _____ gâteaux à Manuel.

4. Omar peut jouer 9 chansons à la guitare. Il en a déjà joué 3. Combien de chansons Omar peut-il jouer de plus?

Omar peut jouer _____ chansons de plus.

Exercice 22

Utilise le tableau des nombres jusqu'à 100 pour trouver la solution.

1	2	3	4	5	6	7	8	9	10
11	12	13	14	15	16	17	18	19	20
21	22	23	24	25	26	27	28	29	30
31	32	33	34	35	36	37	38	39	40
41	42	43	44	45	46	47	48	49	50
51	52	53	54	55	56	57	58	59	60
61	62	63	64	65	66	67	68	69	70
71	72	73	74	75	76	77	78	79	80
81	82	83	84	85	86	87	88	89	90
91	92	93	94	95	96	97	98	99	100

1. Je viens juste après
   le nombre 9.
   Qui suis-je?

   Je suis le nombre

   _____ .

2. Je viens juste après
   le nombre 5.
   Qui suis-je?

   Je suis le nombre

   _____ .

3. Je suis entre le nombre 12
   et le nombre 14.
   Qui suis-je?

   Je suis le nombre

   _____ .

4. Je suis entre le nombre 16
   et le nombre 18.
   Qui suis-je?

   Je suis le nombre

   _____ .

Exercice 23

Utilise la cible pour trouver la solution.

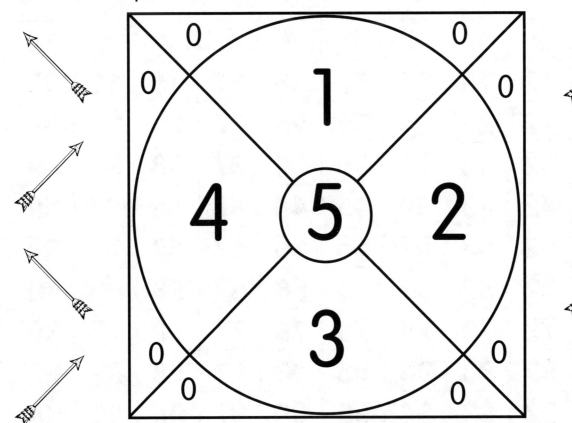

1. Robin lance deux flèches, pour un total de 5 points. La première flèche touche un zéro. Quel chiffre Robin a-t-il touché avec son autre flèche?

   Robin a touché le chiffre _____.

2. Marianne lance deux flèches, pour un total de 3 points. La première flèche touche le chiffre 2. Quel chiffre Marianne a-t-elle touché avec son autre flèche?

   Marianne a touché le chiffre _____.

3. Jeannot lance deux flèches, pour un total de 10 points. La première flèche touche le chiffre 5. Quel chiffre Jeannot a-t-il touché avec son autre flèche?

   Jeannot a touché le chiffre _____.

4. François lance deux flèches, pour un total de 0 point. Quels chiffres François a-t-il touchés avec ses deux flèches?

   François a touché le chiffre _____ et le chiffre _____.

Exercice 24

Utilise le tableau des nombres jusqu'à 100 pour trouver la solution.

1	2	3	4	5	6	7	8	9	10
11	12	13	14	15	16	17	18	19	20
21	22	23	24	25	26	27	28	29	30
31	32	33	34	35	36	37	38	39	40
41	42	43	44	45	46	47	48	49	50
51	52	53	54	55	56	57	58	59	60
61	62	63	64	65	66	67	68	69	70
71	72	73	74	75	76	77	78	79	80
81	82	83	84	85	86	87	88	89	90
91	92	93	94	95	96	97	98	99	100

1. Je suis plus grand que 20 et plus petit que 40. Je suis un nombre pair. Quand tu comptes par 10, tu dis mon nom.

   Qui suis-je? _____

2. Je suis plus petit que 80, mais plus grand que 10. Je suis formé de deux chiffres identiques. Quand on additionne ces deux chiffres, on obtient 4.

   Qui suis-je? _____

3. Je suis plus grand que 50 et plus petit que 100. J'ai un 5 à la place des unités. J'ai un chiffre plus petit que 6 à la place des dizaines.

   Qui suis-je? _____

4. Un de mes chiffres est 2. Quand tu comptes par 10, tu dis mon nom.

   Qui suis-je? _____

Apprendre par l'exercice – Résolution de problèmes – 1re année

Exercice 25 ꩜ ꩜ ꩜ ꩜ ꩜ ꩜ ꩜ ꩜ ꩜ ꩜ ꩜ ꩜

Trouve la solution.

1. Frank achète 10 billets. Son ami lui en donne 15 autres. Combien de billets Frank a-t-il en tout?

$$\begin{array}{r} 10 \\ + 15 \\ \hline \end{array}$$

Frank a _____ billets en tout.

2. M. Simoneau attrape 30 poissons le matin et 40 poissons l'après-midi. Combien a-t-il attrapé de poissons en tout?

$$\begin{array}{r} 30 \\ + 40 \\ \hline \end{array}$$

M. Simoneau a attrapé _____ poissons en tout.

3. Au basket-ball, Sylvie a marqué 14 paniers à la première manche et 20 paniers à la deuxième manche. Combien Sylvie a-t-elle marqué de paniers en tout?

$$\begin{array}{r} 14 \\ + 20 \\ \hline \end{array}$$

Sylvie a marqué _____ paniers en tout.

4. Donald a une cravate avec 31 pois rouges et 42 pois bleus. Combien de pois Donald a-t-il en tout sur sa cravate?

$$\begin{array}{r} 31 \\ + 42 \\ \hline \end{array}$$

Donald a _____ pois en tout sur sa cravate.

Exercice 26

Trouve la solution. Montre comment tu t'y es pris.

1. Marie a 45 timbres dans sa collection. Sa tante lui en donne 54 autres. Combien de timbres Marie a-t-elle en tout?

```
  +
_____
```

Marie a _____ timbres en tout.

2. Ferdinand a planté 60 tulipes jaunes et 10 tulipes roses. Combien Ferdinand a-t-il planté de tulipes en tout?

```
  +
_____
```

Ferdinand a planté _____ tulipes en tout.

3. Michel a 70 cartes de baseball et 20 cartes de football. Combien de cartes Michel a-t-il en tout?

```
  +
_____
```

Michel a _____ cartes en tout.

4. Mon premier biscuit contient 15 pépites de chocolat. Mon deuxième biscuit en contient 21. Combien cela fait-il de pépites de chocolat en tout?

```
  +
_____
```

Cela fait _____ pépites de chocolat en tout.

Exercice 27 ᕤ ᕤ ᕤ ᕤ ᕤ ᕤ ᕤ ᕤ ᕤ ᕤ ᕤ ᕤ ᕤ ᕤ ᕤ

Trouve la solution.

1. Lise a 73 biscuits. Elle en vend 12. Combien lui en reste-t-il?

$$73$$
$$-\ 12$$

Il reste _____ biscuits à Lise.

2. Le chien de Timothée a 26 puces sur le dos. Il y en a 13 qui sautent par terre. Combien de puces reste-t-il sur le dos du chien de Timothée?

$$26$$
$$-\ 13$$

Il reste _____ puces sur le dos du chien de Timothée.

3. Benoît a trouvé 87 billes dans son coffre à jouets. Il en donne 10 à Thomas. Combien reste-t-il de billes à Benoît?

$$87$$
$$-\ 10$$

Il reste _____ billes à Benoît.

4. Marc a 35 paires de chaussettes blanches. Pendant les vacances, il en perd 13 paires. Combien reste-t-il de paires de chaussettes blanches à Marc?

$$35$$
$$-\ 13$$

Il reste _____ paires de chaussettes blanches à Marc.

Exercice 28 ⟁ ⟁ ⟁ ⟁ ⟁ ⟁ ⟁ ⟁ ⟁ ⟁ ⟁ ⟁ ⟁

Trouve la solution. Montre comment tu t'y es pris.

1. Papa a 23 cravates. Il se débarrasse de 11 cravates. Combien de cravates reste-t-il à papa, maintenant?

$$-$$ _____

Il reste _____ cravates à papa, maintenant.

2. Pablo a 19 pneus. Il en vend 15. Combien de pneus reste-t-il à Pablo, maintenant?

$$-$$ _____

Il reste _____ pneus à Pablo, maintenant.

3. Sarah a 17 tartes à la crème. Elle en vend 11. Combien reste-t-il de tartes à Sarah, maintenant?

$$-$$ _____

Il reste _____ tartes à Sarah, maintenant.

4. Louise achète une douzaine d'œufs. S'il y en a 6 qui se cassent, combien d'œufs reste-t-il à Louise?

$$-$$ _____

Il reste _____ œufs à Louise.

Exercice 29 ᘒ ᘓ ᘒ ᘓ ᘒ ᘓ ᘒ ᘓ ᘒ ᘓ ᘒ ᘓ ᘒ ᘓ

Encercle le mot addition ou soustraction.

1. Pénélope a compté 49 insectes. Si 36 de ces insectes s'envolent, combien lui en reste-t-il?

addition

soustraction

2. William a 71 piqûres de moustique sur un bras et 28 sur l'autre bras. Combien de piqûres de moustique a-t-il en tout?

addition

soustraction

3. Kim cueille 27 fleurs. Si 16 de ces fleurs se fanent avant d'arriver à la maison, combien en reste-t-il qui sont encore belles?

addition

soustraction

4. Tamara a 38 lettres. Elle en met 24 à la poste. Combien lui en reste-t-il?

addition

soustraction

Exercice 30

Utilise les figures géométriques pour trouver la solution.

triangle

cercle

carré

rectangle

hexagone

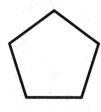

pentagone

1. J'ai 3 côtés et 3 angles.
   Qui suis-je?

   _____

2. J'ai 5 côtés et 5 angles.
   Qui suis-je?

   _____

3. J'ai 6 côtés et 6 angles.
   Qui suis-je?

   _____

4. J'ai 2 grands côtés, 2 petits
   côtés et 4 angles.
   Qui suis-je?

   _____

5. Je n'ai pas un seul angle.
   Qui suis-je?

   _____

6. J'ai 4 côtés égaux et 4
   angles. Qui suis-je?

   _____

Problèmes simples : l'heure

Exercice 31

1. Raoul fait une sieste de 1 heure tous les jours. Il s'endort à 13 h. À quelle heure Raoul se réveille-t-il?

   Indique l'heure sur l'horloge.

2. Fanny va voir un film à la représentation de 15 h. Le film dure 2 heures. À quelle heure le film se termine-t-il?

   Indique l'heure sur l'horloge.

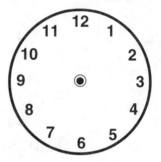

3. Philippe soupe à 20 h et se couche 1/2 heure plus tard. À quelle heure Philippe se couche-t-il?

   Indique l'heure sur l'horloge.

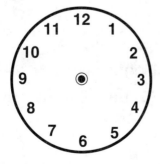

4. Marianne se lève à 7 h et elle part à l'école 1/2 heure plus tard. À quelle heure part-elle à l'école?

   Indique l'heure sur l'horloge.

Exercice 32

1. La partie commence à 18 h et dure 1/2 heure. À quelle heure la partie se termine-t-elle?

   Indique l'heure sur l'horloge et écris-la sur la ligne.

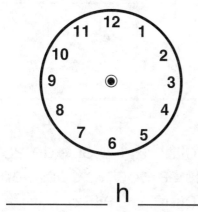

   _____ h _____

2. L'autobus scolaire nous prend à 14 h. Le trajet d'autobus dure 1/2 heure. À quelle heure arrivons-nous à la maison?

   Indique l'heure sur l'horloge et écris-la sur la ligne.

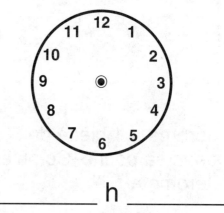

   _____ h _____

3. Nous allons au parc à 16 h. Nous jouons pendant 1/2 heure. À quelle heure partons-nous du parc?

   Indique l'heure sur l'horloge et écris-la sur la ligne.

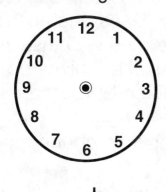

   _____ h _____

4. Le bébé s'endort à 9 h et dort pendant 1/2 heure. À quelle heure le bébé se réveille-t-il?

   Indique l'heure sur l'horloge et écris-la sur la ligne.

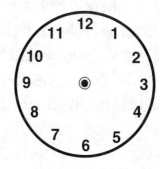

   _____ h _____

Exercice 33

Utilise le tableau des pièces de monnaie pour t'aider à trouver la solution.

1 ¢	**5 ¢**	**10 ¢**	**25 ¢**

1. Jérôme a 1 pièce de 5 ¢ dans sa poche. Combien Jérôme a-t-il?

   Encercle la bonne réponse.

   5 ¢   10 ¢   25 ¢

2. Caroline a 1 pièce de 25 ¢ dans sa poche. Combien Caroline a-t-elle?

   Encercle la bonne réponse.

   5 ¢   10 ¢   25 ¢

3. Nelly a deux poches. Dans une poche, elle a 1 pièce de 5 ¢. Dans l'autre poche, elle a aussi 1 pièce de 5 ¢. Combien Nelly a-t-elle?

   Encercle la bonne réponse.

   5 ¢   10 ¢   15 ¢

4. Norbert a deux poches lui aussi. Dans une poche, il a 1 pièce de 5 ¢. Dans l'autre poche, il a 1 pièce de 10 ¢. Combien Norbert a-t-il?

   Encercle la bonne réponse.

   5 ¢   10 ¢   15 ¢

Exercice 34

Utilise le tableau des pièces de monnaie pour t'aider à trouver la solution.

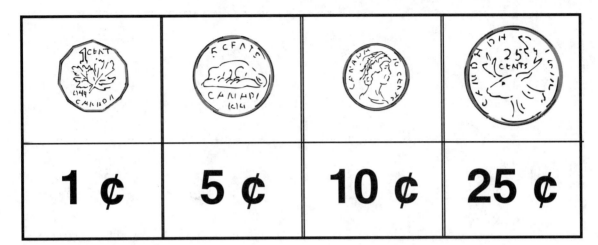

| 1 ¢ | 5 ¢ | 10 ¢ | 25 ¢ |

1. Xavier trouve 6 ¢ dans la poche de sa chemise et 3 ¢ dans la poche de sa veste. Combien Xavier a-t-il trouvé en tout?

   6 ¢ + 3 ¢ = _____ ¢

   Xavier a trouvé _____ ¢ en tout.

2. Marie a 5 ¢ dans sa tirelire et 3 ¢ dans son porte-monnaie. Combien Marie a-t-elle en tout?

   5 ¢ + 3 ¢ = _____ ¢

   Marie a _____ ¢ en tout.

3. J'ai 2 pièces de monnaie qui font un total de 6 ¢. L'une est 1 pièce de 5 ¢. Quelle est l'autre pièce?

   L'autre pièce est une pièce de

   _____ .

4. J'ai 2 pièces de monnaie qui font un total de 10 ¢. Les deux pièces sont identiques. Quelles sont ces deux pièces?

   Les pièces sont toutes les deux des pièces de

   _____ .

Exercice 35

Utilise le tableau des pièces de monnaie pour t'aider à trouver la solution.

1 ¢	**5 ¢**	**10 ¢**	**25 ¢**

1. Stéphanie a 18 ¢. Elle dépense 10 ¢ pour un cornet de crème glacée. Combien reste-t-il à Stéphanie?

$$18 \ ¢$$
$$- \ 10 \ ¢$$

Il reste _____ ¢ à Stéphanie.

2. Thierry a 36 ¢. Il achète une petite auto pour 25 ¢. Combien reste-t-il à Thierry?

$$36 \ ¢$$
$$- \ 25 \ ¢$$

Il reste _____ ¢ à Thierry.

3. Lola a 1 pièce de 10 ¢ et 2 pièces de 5 ¢. Elle achète des bonbons qui coûtent 10 ¢. Combien reste-t-il à Lola?

$$20 \ ¢$$
$$- \ 10 \ ¢$$

Il reste _____ ¢ à Lola.

4. Stella a 2 pièces de 25 ¢ et 3 pièces de 1 ¢. Elle achète un jouet qui coûte 21 ¢. Combien reste-t-il à Stella?

$$\ ¢$$
$$- \ \ ¢$$

Il reste _____ ¢ à Stella.

Exercice 36

Utilise le tableau des pièces de monnaie pour t'aider à trouver la solution.

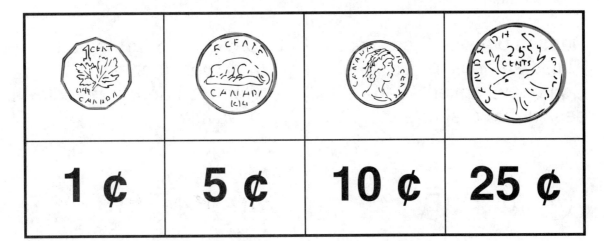

1 ¢	**5 ¢**	**10 ¢**	**25 ¢**

---

1. Ariane a 1 pièce de 25 ¢ et 1 pièce de 5 ¢ dans sa poche. Combien a-t-elle en tout?

     +_____

   Ariane a _____¢ en tout.

2. Vincent a 35 ¢. Il dépense 10 ¢ pour acheter une bande dessinée. Combien lui reste-t-il?

     −_____

   Il reste _____¢ à Vincent.

---

3. Guillaume emprunte 8 ¢ à sa maman et 10 ¢ à son papa. Combien Guillaume a-t-il emprunté en tout?

     +_____

   Guillaume a emprunté _____¢ en tout.

4. Véronique a 18 ¢. Elle prête 5 ¢ à une amie. Combien reste-t-il à Véronique?

     −_____

   Il reste _____¢ à Véronique.

Révision 1

Indique la réponse en noircissant la bonne lettre.

1. Damien dessine 2 cœurs. Puis il en dessine 2 autres. Combien Damien a-t-il dessiné de cœurs en tout?

   (A) 0   (B) 4

   (C) 1   (D) 3

2. David fait 5 tartes aux pommes. Il en vend 1. Combien de tartes reste-t-il à David?

   (A) 4   (B) 6

   (C) 5   (D) 3

3. Mégane a 2 barrettes. Elle en achète 4 autres. Combien en a-t-elle maintenant?

   (A) 2   (B) 3

   (C) 5   (D) 6

4. Liliane a 9 oiseaux. Si 3 de ces oiseaux s'envolent, combien lui en reste-t-il?

   (A) 0   (B) 6

   (C) 3   (D) 5

Révision 2

Indique la réponse en noircissant la bonne lettre.

1. Il y a 9 enfants qui jouent dehors. Si 8 de ces enfants rentrent, combien reste-t-il d'enfants qui jouent dehors?

   (A) 0   (B) 4

   (C) 1   (D) 3

2. Saïd a 5 livres. Il emprunte 3 livres de plus à la bibliothèque. Combien de livres Saïd a-t-il en tout?

   (A) 0   (B) 2

   (C) 1   (D) 8

3. Mon professeur a réparé 3 horloges hier et 7 horloges aujourd'hui. Combien mon professeur a-t-il réparé d'horloges en tout?

   (A) 5   (B) 4

   (C) 10   (D) 3

4. Laurent a mis 8 livres en pile. Si 4 de ces livres tombent, combien reste-t-il de livres dans la pile?

   (A) 4   (B) 3

   (C) 1   (D) 8

Révision 3

Indique la réponse en noircissant la bonne lettre.

1. Les enfants ont fait 55 crêpes aux bleuets et 41 crêpes au babeurre. Combien ont-ils fait de crêpes en tout?

   Ⓐ 14   Ⓑ 86

   Ⓒ 13   Ⓓ 96

2. L'hiver dure 99 jours. Si 15 jours sont déjà passés, combien de jours d'hiver reste-t-il?

   Ⓐ 84   Ⓑ 114

   Ⓒ 74   Ⓓ 48

3. Mon cousin a 63 pièces de monnaie dans sa tirelire. J'ai 21 pièces de monnaie dans ma tirelire. Combien de pièces de monnaie avons-nous en tout?

   Ⓐ 84   Ⓑ 86

   Ⓒ 42   Ⓓ 48

4. Au concours du plus grand mangeur de tartes, il y avait 67 tartes. L'équipe de Lili a mangé 31 tartes. Combien est-il resté de tartes?

   Ⓐ 84   Ⓑ 9

   Ⓒ 26   Ⓓ 36

Révision 4

Indique la réponse en noircissant la bonne lettre.

1. J'ai 3 côtés et 3 angles.
   Qui suis-je?

   (A) carré   (B) triangle

   (C) cercle   (D) rectangle

2. J'ai 6 côtés et 6 angles.
   Qui suis-je?

   (A) rectangle   (B) hexagone

   (C) pentagone   (D) octogone

3. Marie se couche à 14 h et
   dort pendant 1 heure. À
   quelle heure Marie se
   réveille-t-elle? Utilise l'horloge
   pour t'aider à trouver.

   (A) 14 h 30   (B) 15 h 00

   (C) 13 h 30   (D) 14 h 45

4. Jacques soupe à 18 h et
   termine au bout de 1/2
   heure. À quelle heure
   Jacques finit-il de souper?

   (A) 18 h 30   (B) 18 h 00

   (C) 17 h 30   (D) 18 h 45

Révision 5

Indique la réponse en noircissant la bonne lettre.

1. Hubert a 26 ¢. Il dépense 13 ¢ pour acheter des bonbons. Combien reste-t-il à Hubert?

   (A) 39 ¢   (B) 12 ¢

   (C) 19 ¢   (D) 13 ¢

2. Babette a 45 ¢ dans une poche et 33 ¢ dans une autre poche. Combien Babette a-t-elle en tout?

   (A) 12 ¢   (B) 78 ¢

   (C) 68 ¢   (D) 11 ¢

3. Damien a 57 ¢. Il trouve 12 ¢ dans sa poche. Combien Damien a-t-il en tout?

   (A) 55 ¢   (B) 69 ¢

   (C) 45 ¢   (D) 49 ¢

4. Fabienne a 89 ¢. Elle dépense 70 ¢ pour acheter un disque. Combien reste-t-il à Fabienne?

   (A) 15 ¢   (B) 18 ¢

   (C) 19 ¢   (D) 20 ¢

Révision 6

Indique la réponse en noircissant la bonne lettre.

1. Je suis plus grand que 10 et plus petit que 14. Je suis un nombre pair. Qui suis-je?

Ⓐ 14   Ⓑ 10

Ⓒ 11   Ⓓ 12

2. Je suis plus grand que 15 et plus petit que 25. Quand tu comptes par dix, tu dis mon nom. Qui suis-je?

Ⓐ 20   Ⓑ 4

Ⓒ 1   Ⓓ 30

3. Je suis un nombre pair. Je suis plus grand que 30 et plus petit que 50. Quand tu comptes par dix, tu dis mon nom. Qui suis-je?

Ⓐ 35   Ⓑ 40

Ⓒ 45   Ⓓ 50

4. Je suis un nombre impair. Je suis plus grand que 80 et plus petit que 90. Quand tu comptes par cinq, tu dis mon nom. Qui suis-je?

Ⓐ 80   Ⓑ 85

Ⓒ 90   Ⓓ 87

Feuille-réponse

Révision 1 **(Page 40)**	**Révision 2** **(Page 41)**	**Révision 3** **(Page 42)**
1. Ⓐ Ⓑ Ⓒ Ⓓ	1. Ⓐ Ⓑ Ⓒ Ⓓ	1. Ⓐ Ⓑ Ⓒ Ⓓ
2. Ⓐ Ⓑ Ⓒ Ⓓ	2. Ⓐ Ⓑ Ⓒ Ⓓ	2. Ⓐ Ⓑ Ⓒ Ⓓ
3. Ⓐ Ⓑ Ⓒ Ⓓ	3. Ⓐ Ⓑ Ⓒ Ⓓ	3. Ⓐ Ⓑ Ⓒ Ⓓ
4. Ⓐ Ⓑ Ⓒ Ⓓ	4. Ⓐ Ⓑ Ⓒ Ⓓ	4. Ⓐ Ⓑ Ⓒ Ⓓ

Révision 4 **(Page 43)**	**Révision 5** **(Page 44)**	**Révision 6** **(Page 45)**
1. Ⓐ Ⓑ Ⓒ Ⓓ	1. Ⓐ Ⓑ Ⓒ Ⓓ	1. Ⓐ Ⓑ Ⓒ Ⓓ
2. Ⓐ Ⓑ Ⓒ Ⓓ	2. Ⓐ Ⓑ Ⓒ Ⓓ	2. Ⓐ Ⓑ Ⓒ Ⓓ
3. Ⓐ Ⓑ Ⓒ Ⓓ	3. Ⓐ Ⓑ Ⓒ Ⓓ	3. Ⓐ Ⓑ Ⓒ Ⓓ
4. Ⓐ Ⓑ Ⓒ Ⓓ	4. Ⓐ Ⓑ Ⓒ Ⓓ	4. Ⓐ Ⓑ Ⓒ Ⓓ

Corrigé

Page 4
1. 3
2. 4
3. 5
4. 2
5. 6

Page 5
1. 8 ¢ − 4 ¢ = 4 ¢
2. 5 ¢ − 5 ¢ = 0 ¢
3. 6 ¢ − 3 ¢ = 3 ¢
4. 9 ¢ − 5 ¢ = 4 ¢
5. 4 ¢ − 2 ¢ = 2 ¢
6. 7 ¢ − 6 ¢ = 1 ¢
7. 7 ¢ − 4 ¢ = 3 ¢
8. 6 ¢ − 6 ¢ = 0 ¢

Page 6
1. 8 + 7 = 15
2. 3 + 10 = 13
3. 15 − 9 = 6
4. 9 + 8 = 17
5. 12 − 7 = 5
6. 16 − 7 = 9

Page 7
1. 12
2. 21
3. 5
4. 6
5. 25
6. 31
7. 5
8. 4

Page 8
1. 6
2. 2
3. 10
4. 7
5. 9
6. 6

Page 9
1. 7
2. 9
3. 4
4. 6

Page 10
1. 6
2. 4
3. 5
4. 6

Page 11
1. 3
2. 5
3. 6
4. 1

Page 12
1. addition
2. addition
3. addition
4. soustraction

Page 13
1. 4
2. 3
3. 6
4. 1

Page 14
1. 9
2. 9
3. 8
4. 5

Page 15
1. 7
2. 9
3. 8
4. 9

Page 16
1. 2
2. 3
3. 4
4. 7

Page 17
1. 6
2. 1
3. 6
4. 7

Page 18
1. 9
2. 5
3. 4
4. 7

Page 19
1. 9
2. 3
3. 9
4. 3

Page 20
1. 7
2. 8
3. 10
4. 6

Page 21
1. 12
2. 11
3. 7
4. 9

Page 22
1. 13
2. 14
3. 13
4. 14

Page 23
1. 7
2. 6
3. 5
4. 3

Page 24
1. 6
2. 11
3. 5
4. 6

Page 25
1. 10
2. 6
3. 13
4. 17

Page 26
1. 5
2. 1
3. 5
4. 0, 0

Page 27
1. 30
2. 22
3. 55
4. 20

Page 28
1. 25
2. 70
3. 34
4. 73

Page 29
1. 99
2. 70
3. 90
4. 36

Page 30
1. 61
2. 13
3. 77
4. 22

Page 31
1. 12
2. 4
3. 6
4. 6

Page 32
1. soustraction
2. addition
3. soustraction
4. soustraction

Page 33
1. triangle
2. pentagone
3. hexagone
4. rectangle
5. cercle
6. carré

Corrigé

Page 34

1.

2.

3.

4.

Page 35

1.

18 h 30

2.

14 h 30

Page 35 (suite)

3.

16 h 30

4.

9 h 30

Page 36

1. 5 ¢
2. 25 ¢
3. 10 ¢
4. 15 ¢

Page 37

1. 9 ¢
2. 8 ¢
3. 1 ¢
4. 5 ¢

Page 38

1. 8 ¢
2. 11 ¢
3. 10 ¢
4. 32 ¢

Page 39

1. 30 ¢
2. 25 ¢
3. 18 ¢
4. 13 ¢

Page 40

1. (A) ● (C) (D)
2. ● (B) (C) (D)
3. (A) (B) (C) ●
4. (A) ● (C) (D)

Page 41

1. (A) (B) ● (D)
2. (A) (B) (C) ●
3. (A) (B) ● (D)
4. ● (B) (C) (D)

Page 42

1. (A) (B) (C) ●
2. ● (B) (C) (D)
3. ● (B) (C) (D)
4. (A) (B) (C) ●

Page 43

1. (A) ● (C) (D)
2. (A) ● (C) (D)
3. (A) ● (C) (D)
4. ● (B) (C) (D)

Page 44

1. (A) (B) (C) ●
2. (A) ● (C) (D)
3. (A) ● (C) (D)
4. (A) (B) ● (D)

Page 45

1. (A) (B) (C) ●
2. ● (B) (C) (D)
3. (A) ● (C) (D)
4. (A) ● (C) (D)